Faicts d'Armes du Sereniffime Prince de Piedmont, au forcement de la Place & Forterefse de la Pieue, auec la prife du General des Geneuois, Iean Hierofme d'Oria, du 12. de May 1625.

Auec le nombre des drapeaux pris, & enuoyez à fa Majefté.

A PARIS,

Iouxte la Copie Imprimée à Lyon, par Claude Larjot, Imprimeur ordinaire du Roy.

M. DCXXV.

FAICTS D'ARMES DV

Sereniſſime Prince de Piedmont, au forcement de la place & Fortereſſe de la Pieue,
& autres places, auec la priſe
du General des Geneuois, Iean
Hieroſme d'Oria.

Endant que ſon Alteſſe de
Sauoye comme vn Aigle
Royal eſtend ſes Aarmes
victorieuſes aux môtagnes
voiſines de Genes, le Prin-
ce de Piedmont digne Aiglon d'vne Aigle ſi magnanime, prit ſon vol vers la riuiere de Ponent, portant ſes foudroyan-
tes armes pour abatre ceux qui ne s'hu-
milieroient deuant luy, deſcendit le 7.
de May vers la Pieue, tres-forte clef des
Eſtats de Genes en ces quartiers là.

Ayant donc ſçeu que le Regiment de
Monſieur de Flechet, & de Valencé
s'eſtoient rendus maiſtres ſans aucune

refiftance de Coſio , & de Mendatique, que le canon s'acheminoit vers la Naue, & que le Marquis de Cortanze apres auoir ſecouru & munitionné le Marro s'eſtoit faiſi des paſſages d'Almo de ſaint Raphaël, Giacomo , & la Coſte , non moins importans pour la force , que fauorables pour la ſituation , qui commãdent entierement ſur le païs ennemy. Le meſme iour ſon Alteſſe fit venir le Marquis de Chaſteau-Morand , auec monſieur de Flechet & de Valencé , & recogneut les paſſages de la montagne, & les tranchees ennemies.

Les chemins ayans eſté faits , le iour ſuiuant le canon arriua à la Naue, deffendue des Regimens de ſon Alteſſe & de S. Paul, pendant lequel temps le Collonnel Porporato auec ſon Regimẽt attaqua les trenchees de l'ennemy ſur la mõtagne de Ghego , luy donna la fuite, & deſireux de rẽporter vne entiere victoire s'ẽgagea à la campagne, où ẽueloppé de l'ennemy, par la faueur de la npict, & le ſecours qui luy fut enuoyé, il ſe retira ſans aucune perte à ſon rendez-vous.

Le

Le 9. S. A. enuoya toute l'armee vers la Pieue, diuisee en quatre parties, pour se saisir en mesme temps des passages de la montagne retranchez par les Geneuois, assaillit auec tant d'ardeur Ghego, lieu descouuert, mais tres-bien retranché, qu'il mit en fuitte trois cens hommes qui le defendoient, & occupa les autres passages de l'ennemy: Il n'y eut de blessé que le Cheualier Cacheran.

Estant arriué à la Pieue le mesme iour, auec vn courage magnanime, il attaqua les passages plus importans qu'il gagna en peu de temps, dõt le Marquis de Corranze se logea au plus haut de la montagne vers l'Occident, monsieur de Lodes vers le Midy, deça la riuiere, où recognoissant la situation du lieu il fut griefuement blessé. Le Regiment de monsieur d'Vrfé estoit de là la riuiere, auec monsieur de sainct Paul, qui esperoient d'emporter la place à l'arriuee du canon.

Les passages d'alentour de la Pieue estoient occupez de toutes parts, & l'ennemy renforcé iusques au nombre

de quatre mille & cinq cens hommes de
pied, tres-asseurez à la deffence, & pour-
ueus de choses necessaires pour icelle,
supposans que la côduite du canon fust
imaginaire & impossible, faisoient paroi-
stre leur valeur, & resistoient courageu-
sement à la furie des nostres, qui vraye-
ment estoit pleine de magnanimité &
d'vne ferme resolution de se rendre vi-
ctorieux. L'escarmouche dura tout le
dixiesme iour, où chacun à l'enuy faisoit
preuue de sa valeur : Vn des meilleurs
Chefs de l'ennemy y fut tué, Le Regiment de Valencé s'y porta tres valeu-
reusement, & en particulier monsieur
du Val.

Le canon arriua le soir de l'vnziesme,
& toute la nuict fut employee pour le
dresser en batterie, comme il fut. Ce-
pendant S. A. qui auoit recogneu tous
les passages, & voyant toutes ses troupes
bien disposees à combattre, ne pouuant
se promettre que les effects d'vne signa-
lee victoire, delibera sans attendre d'a-
uantage d'attaquer la place le iour suiuant de bon matin, & donna ordre à

mon-

monſieur de Chaſteau-morand, ioinct auec Auribeau, qu'il fit marcher cinq cens hommes ſur la minuict pour prendre le haut de la montagne, & que le reſte de ſon regiment en meſme nombre, le deuoit ſouſtenir au milieu d'icelle, pour occuper les paſſages que tenoit l'énemy de ce coſté-là, & pour ſe loger aux Capucins ſi l'affaire reüſſiſſoit. Il commanda à monſieur de ſainct Paul, qui auoit là ſon logement, qu'il logeaſt cent hommes à vn colombier, qui eſt ſitué en vn lieu aſſez auantageux pour la deffenſe du paſſage, & commode pour moleſter l'ennemy, mais que le reſte du regiment fuſt employé à ſouſtenir le Marquis d'Vrfé, ſe gouuernant conformement ſelon les occaſions : Et en cas que luy ou le Marquis d'Vrfé ſe rendiſt maiſtre des Capucins, monſieur de S. Paul ſe deuoit ioindre à luy, pour ſe ſecourir mutuellement les vns les autres, & deuoient ſe ſaiſir des paſſages ſur la montagne, qui eſtoient gardez de plus de huict cens hommes de pied.

Il fut commandé au Marquis de Corranze de loger ſes troupes aux lieux plus proches & commodes, pour pouuoir à la meſme heure du iour ſuinant, & au ſignal qui ſe donneroit, attaquer le Fort, que l'ennemy auoit fait du coſté d'Occident, & qu'il moyennaſt de l'emporter, & de ſe loger dedans.

Monſieur de Flechet, auec partie du Regiment du Sereniſſime Prince, eut le meſme commandement d'attaquer de ſon coſté; & pour le ſouſtenir luy furent donnez les Regimens du Marquis d'Vrfé, du Colonnel Porporato, & du Marquiſat de Saluces, qui trauailla cependãt courageuſement & ſans intermiſſion pour loger le canon, & le Marquis Bobba ſatisfit auec tant de prudence à l'ordre que luy auoit danné S. A. tant pour combattre que pour loger le canon, que toutes choſes reüſſirent heureuſement.

L'heure donnee eſtant venuë, le canon tira contre le clocher de l'Egliſe de S. Auguſtin, qui fit vn grand effect, & donna telle eſpouuãte à l'ennemy qu'ils recognéurent bien clairement que la place

place n'estoit tenable , & qu'ils ne pou-
uoient pas resister. Ainsi le signal se donna au son des tambours , dont le Marquis de Costanze quitta le passage qu'il
gardoit, & gaigna ce petit Fort, & voyãt
les ennemis en fuitte , les poursuiuit iusques à la porte: Monsieur de Flechet en
fit autant, & monsieur de S. Paul d'autre
costé s'auança suiuant le commandement qui luy auoit esté donné.

Et finalement toute chose fut si bien
& de poinct en poinct executé, que chacun se rendit maistre de son passage con-
traire , & espouuanterent en telle sorte
les ennemis qu'abandonnans non seulement la defense des tranchees , & des
destroicts, mais des murailles & des por-
tes ils donnerent commodité aux nostres d'entrer partie par icelle, & partie
par les murailles , sans perte de personne, n'y ayant eu qu'vn petit nombre de
Soldats blessez, & entre autres le fils du
Capitaine Ceruieres , aagé enuiron de
quinze ans, qui en toutes les occasions
passees, & particulierement en ceste-cy
s'estoit trouué des premiers.

B

Il est demeuré de l'ennemy deux mille tant de morts que prisonniers, les autres fauorisez de la nuict precedente &
de la môtagne se sont sauuez, partie desquels est tombee à la mercy des troupes
de Monsieur de Valencé, qui en ont tué
vne grande multitude, les poursuiuans
iusques à la riuiere.

Le Chasteau restoit encore, qui est si-
tué en vn lieu vn peu releué, sur la Ville.
entouré de fossez profonds, remplis
d'eau flanqué de tours quarrées, & tout
terrassé, lequel estant pourueu de gens
& de munitions, sans doute pouuoit fai-
re quelque resistance, & entretenir l'armee, mais voyant la ville au pouuoir
des nostres, il demande à parlementer.
Son Altesse enuoya le Marquis de Cortanze, & le Cheualier Paser, auec charge
de ne leur accorder que la vie, & sauuer
l'honneur des femmes & des filles : ne-
antmoins on permit aux Chefs de sortir
auec l'espee. Ainsi le Chasteau se rendit sur le Midy : les armes les Enseignes,
les munitions, & tout le reste qui se trou-
ua dedans, demeura à son Altesse. Quoy

que les soldats ayent eu moyen de gai-
gner quelque chose, si est-ce qu'en ceste
occasion il y a eu vn si bon ordre, que le
tout s'est passé sans excez, ny violence:
de sorte qu'encore auiourd'huy on a
donné les quartiers, & logé les Regimes
pour les raffraischir des fatigues qu'ils
ont receues ces iours passez.

Ce faict d'Armes est de tres-grande
consequence pour les desseins de sa Ma-
jesté Tres-Chrestienne, & de son Altesse,
non seulement pour la gloire de leurs
Armes tousiours victorieuses, mais aussi
pour la prinse d'vn General estimé des
Geneuois le plus valeureux & le plus
experimenté de leurs Estats, & la deffai-
te des plus habiles & meilleurs Soldats
qu'ils eussent peu choisir: Mais l'importance du lieu gaigné, qui est l'vnique Bou-
leuard de ceste riuiere du Ponent, dautant
que ceste place estant forcee, le passage
demeure libre pour courre facilement
d'vne courfe iusques à Sauonne. C'est
dóc la valeur & diligéce incomparable
de cet Heroïque Prince qui nous pro-
met iournellement des nouuelles victoi-

res ſur ces ennemis, grandement eſpou-
uantez de ceſte deffaitte.

Et ce d'autant plus, qu'au meſme téps
ſçauoir le 10. de ce mois, eſtans allez auec
cinq mille hommes de pied pour aſſie-
ger le chaſteau de Sauignon, peu diſtant
de Genes, qui auoit eſté pris ſur leurs
montagnes par ſon Alteſſe, ils furent à
leur grand'honte & confuſion côtrains
par ſadite Alteſſe, & le Mareſchal de Cre-
quy de leuer le ſiege, & fuir iguominieu-
ſement, permettans deuant leurs yeux
qu'on minaſt le Chaſteau, & qu'on le fit
ſauter en l'air, eſtant recogneu de peu
d'importance.

Marques des Prisonniers.

Le General Iean Hierosme d'O-
ria.

Le Capitaine Iean Marie Gentil
Commissaire.

Plusieurs Capitaines, Enseignes,
& Officiers, desquels on ne sçait encore
le nom, auec six cents Soldats.

Madame la Serenissime Princesse de
Piedmont a enuoyé à sa Maiesté tres-
Chrestienne les sept Enseignes, que le Se-
renissime Prince son mary luy auoit en-
uoyées, par les mains de Monsieur le
Marquis de S. Germain.

Consentement du Procureur du Roy.

IE consens pour le Roy, que le Fait d'Armes du Prince de Piedmont, soit imprimé par Claude Larjot Imprimeur ordinaire du Roy, auec deffences à tous autres de l'imprimer. Faict ce 18. May, 1625.

PVGET.

Permission.

IL est permis à Claude Larjot Imprimeur ordinaire du Roy d'imprimer le Fait d'Armes du Prince de Piedmont, & deffences sont faictes à tous autres de ne l'imprimer aux peines portées par les Ordonnances. Faict ce 18. May 1625.

DECHAPONAY.